Christian Ebert

Reputation des kaiserzeitlichen Arztes im Spiegel der Epigramme Martials

GRIN Verlag

Bibliografische Information der Deutschen Nationalbibliothek:

Die Deutsche Bibliothek verzeichnet diese Publikation in der Deutschen National-
bibliografie; detaillierte bibliografische Daten sind im Internet über http://dnb.d-
nb.de/ abrufbar.

Impressum:

Copyright © 2008 GRIN Verlag GmbH
Druck und Bindung: Books on Demand GmbH, Norderstedt Germany
ISBN: 978-3-640-81506-7

Dieses Buch bei GRIN:

http://www.grin.com/de/e-book/158203/reputation-des-kaiserzeitlichen-arztes-im-
spiegel-der-epigramme-martials

Kollegiatenjahrgang 2006/2008

Facharbeit

im Fach Latein

Reputation des kaiserzeitlichen Arztes im Spiegel
der Epigramme Martials

Christian Ebert

Inhaltsverzeichnis:

1. Einleitung

Betrachtet man die westliche – moderne Gesellschaft, so ist Medizin in der heutigen Zeit eine weitgehend schmerzreduzierte Wissenschaft, in der die Zielrichtung der Forscher mittlerweile großteils in der Optimierung der Medikamente und der Maximierung der Komplikationslosigkeit liegt. Ärzte sind doch meist gut bezahlte, gesellschaftlich hoch angesehene Akademiker mit gesicherter Kompetenz und geprüften Fähigkeiten, die sowohl umfassende Kenntnisse ihres Fachgebietes als auch überdurchschnittliche Intelligenz und staatlich anerkannte Lizenzen zur legalen Ausübung ihres Berufes benötigen. Behandlungen und Operationen sind durch die Entdeckung der Narkose weitgehend schmerzarme Dinge geworden, schmerzintensive Krankheiten haben aufgrund hoch spezifischer Medikamente, die durch Krankenkassen und staatliche Subventionen für praktisch jeden Bürger erhältlich sind, im Allgemeinen ihren Stachel verloren.

Dass all diese Errungenschaften einem höchst bestaunenswerten Fortschritt des letzten Jahrhunderts zu verdanken sind, welches nur einen Bruchteil der Menschheitsgeschichte ausmacht, wird nur äußerst selten bewusst wahrgenommen. Auch im neunzehnten Jahrhundert - noch keine 200 Jahre zurück - waren die Wirkungen von Äther und Morphium, ersten Narkotika, der operativen Medizin noch so wenig geläufig wie der Physik die Quantentheorie. Chirurgie war ein riskantes Handwerk, die Operationen die Hölle[1]. Ärzte waren zwar notwendig, aber nicht beliebt, der Beruf nur für Menschen mir einem starken Herzen zu empfehlen[1]. Allerdings befinden wir uns dort bereits in der Zeit der Industrialisierung, in der der wissenschaftliche Fortschritt nicht mehr aufzuhalten und die Medizin auf dem Vormarsch war[1]. Die Zeit aber, die uns beschäftigt, liegt über eintausend Jahre zurück, es ist die Zeit der römischen Kaiser, in der Wissenschaft noch gar kein eindeutig definiertes Wort ist. Medizin und Ärzte gibt es auch hier, doch wie muss man sie sich in den Jahren um Christi Geburt vorstellen? Wie haben Ärzte gearbeitet und vor allem, welchen Ruf konnte ein Arzt in einer Welt ohne Narkose und Aspirin, in der beinahe jede seiner Handlungen für seinen Patienten mit großem Schmerz verbunden ist, überhaupt haben? Nachdem die Heilkunst in der Antike mehr von Mythos als Vernunft umrankt war, stellt sich zudem die Frage, ob in der Kaiserzeit eine ordnungsgemäße Qualifizierung des angehenden Arztes vonnöten war und wenn nicht, welchen

---

[1] s. GEO (10). Oktober 2006. S. 125 f.

Teilen der römischen Gesellschaft dieser Beruf eigentlich gestattet war und welchen Ruf die Heilkunst im Allgemeinen unter der Bevölkerung hatte. Um diese Fragen beantworten zu können, ist es unumgänglich, zuerst einmal die Geschichte der Medizin in der römischen Welt kurz zu beleuchten. Dadurch wird es wesentlich leichter sein, die Situation der Ärzte in den Jahrhunderten der Kaiser zu verstehen, wobei auch hier darauf geachtet werden muss, dass sich in dieser Zeit, die immerhin mit der Machtergreifung Cäsars ein halbes Jahrhundert vor Christi Geburt beginnt und erst im Jahr 476 n. Chr. durch den Skiren Odoaker beendet wird - ein halbes Jahrtausend Geschichte also - vieles verändert, erweitert und verworfen wurde und sich das Bild des Arztes drastisch verändert hat. Da der Blick auf die Zeit Octavians und seines Ziehvaters und auch auf die gesamte Zeit danach, die Soldatenkaiser und den langsamen Zerfall des römischen Reiches ein den Rahmen dieser Facharbeit sprengendes Spektrum verschiedener Ärzteschulen, Heilmethoden und somit auch Resonanzen in der Bevölkerung eröffnet, die zu Cäsars Zeiten noch ganz andere als zu denen des letzten weströmischen Kaisers waren, Romulus Augustulus, wird zur Eingrenzung auch der vielfältigen schriftlichen Hinterlassenschaften der römischen Kaiserzeit ein Zeitraum von etwa vierzig Jahren betrachtet, der Wirkungszeit des römischen Dichters M. Valerius Martialis. Doch da auf alles Übrige später detailliert eingegangen werden wird, sei hiermit den einleitenden Worten Genüge getan.

2. Überblick über die Geschichte der Ärzte in Rom

Seit dem Jahr 275 v. Chr. kontrollierte Rom ganz Italien vom Appenninbogen bis zur Meerenge von Messina, nachdem es den letzten Angriff des Königs Pyrrhos abgewehrt hatte[2]. Ab diesem Zeitpunkt stieg der ursprüngliche Stadtstaat unaufhaltsam zu einer Großmacht auf, bis schließlich im Jahre 146 v. Chr., im dritten punischen Krieg, Karthago endgültig dem Erdboden gleich gemacht wurde und damit der letzte große Feind Roms besiegt war. Rom war nun unumstrittene Weltmacht, und man könnte meinen, dass es auch in kultureller und technischer Sicht sich auf dem Höhepunkt seiner Zeit befand. Sicher, blickt man auf militärische Strategien oder Staatswesen, so war Rom in dieser Zeit unzweifelhaft allen anderen Staaten überlegen. Doch in den Künsten der Geistes- und Naturwissenschaften, in der bildenden Kunst und nicht zuletzt auch in der

---

[2] s. Res Romanae (Begleitbuch für die lateinische Lektüre). Hrsg. v. Krefeld H. u.a. Berlin 1997[1]. S. 8.

Medizin kann Rom keinesfalls als die Grundlage der abendländischen Kultur gesehen werden. Diese Dinge waren in Rom reichlich vorhanden, insbesondere in der Kaiserzeit, doch ihren Ursprung hatten sie im antiken Griechenland, das nach dem ersten Punischen Krieg in Roms Machtbereich gelangte und auch besiegt wurde, jedoch nach seiner Annektierung seinerseits mehr Einfluss auf Rom hatte als jede andere Provinz des Reiches, oder wie Horaz es ausdrückte: "Graecia captam victorem cepit"[3].

Literatur wie auch Philosophie hielten mit bedeutenden Griechen wie Homer und Sokrates ab dem Jahre 140 v. Chr. in Rom erstmals Einzug. Und auch die (wissenschaftliche) Medizin kam erst relativ spät nach Rom. Zu einer Zeit, in der in Griechenland der fortschrittlichste Anspruch ärztlichen Handelns im *Eid des Hippokrates* festgehalten wurde, war in Italien noch die Ansicht verbreitet, dass wer krank wurde, entweder selbst wieder gesundete, indem er sich mit den einfachsten Mitteln behalf, oder aber in die andere Welt einging. Ärzte waren weder bekannt noch benötigt.

Doch wenn es auch keine Ärzte gab, so war doch zumindest eine gewisse medizinische Kunst vorhanden, die jedoch vor allem eine *scientia herbarum* war, Kräuterheilkunde, zu der ein wenig Zauberei hinzukam. Selbst Cato der Ältere (234 - 149 v. Chr.) schwor noch auf die *medicina domestica*, gewöhnliche Hausmittel, mit welchen er sich brüstete, ein rüstiges Alter erreicht und die Seinen stets bei guter Gesundheit erhalten zu haben[4]. Der erste griechische Arzt, der nach Italien kam, war der Überlieferung nach der Schlangengott Asklepios, dessen dramatische Ankunft in Rom während des dritten und letzten Samnitenkrieges Ovid in seinen Metamorphosen beschreibt[5]. Ihm wurde ein Tempel auf der Tiberinsel erbaut, in dem angeblich Äskulapius (wie der lateinische Name des Schlangengottes war) jeden, der von seiner Heilung träumte, gesund machte[6]. Zwar war das bereits im Jahr 292 v. Chr., zur Zeit, als Rom bereits auf dem Weg in die Republik war - und sieht man ab von etwas jüngeren Berichten griechischer Ärzte in Rom wie dem von Archagathos - so ist doch eigentlich Asklepiades als derjenige zu nennen, der die griechische Medizin nach Rom brachte. Seine Werke wurden während der gesamten Kaiserzeit bis in die Spätantike des 4. Jh. n. Chr. gelesen und diskutiert[7]. Seit dieser Zeit begann sich in Rom ein dichtes Netz von öffentlichen wie privaten Ärzten zu bilden, die sich auf die griechische Heilkunde beriefen, wie die vielen archäolo-

---

[3] s. a. a. O. S.80.

[4] s. Das Leben im alten Rom. Hrsg. v. Ugo Enrico Paoli. Bern 1961[2]. S. 239.

[5] s. Medizin in der Antike. Hrsg. v. Ernst Künzl. Stuttgart 2002. S. 24.

[6] vgl. http://www.roemische-imperium.de/page/html_alltag_13.html

[7] s. Medizin in der Antike. S. 26.

gischen Funde in Pompeji zeigen, die auf das Jahr 79 datiert wurden. Am Ende der Republik schließlich gab es neben den unabdinglichen Armeeärzten auch Ärzte in den verschiedensten Schichten der römischen Gesellschaft.

3. Der Stand der Medizin im Rom der Kaiserzeit

Die politischen Geschehen in Rom und der Mittelmeerwelt darum herum hatten im Allgemeinen wenig Einfluss auf die Entwicklung der Medizin während der Kaiserzeit. Noch vierhundert Jahre nach dem Ende der Diktatur war die öffentliche Gesundheit in Rom, für welche die Medizin Schutz und Gefahr zugleich bedeutete, rein privat geregelt. "Ein jeder kurierte sich oder ließ sich nach eigenem Belieben kurieren; erst wenn irgendein schweres Unglück geschehen war, griff die strafende Justiz ein."[8] Erst in dieser Zeit "erhielt jede der vierzehn *regiones*, in die Rom durch Augustus eingeteilt war, einen Amtsarzt [...]"[9]. Mit diesem Vorwissen können wir nun die verschiedenen Aspekte der medizinischen Situation während der Kaiserzeit betrachten.

3.1 Krankheiten

Es lohnt sich, kurz ins Gedächtnis zu rufen, mit welchen Krankheiten sich die Antike zu beschäftigen hatte, nachdem viele der damaligen Leiden heutzutage ausgerottet sind (wie Kinderlähmung, Skorbut oder Pocken) und an deren Stelle in der westlichen Gesellschaft ganz andere wie Aids, chronisches Übergewicht und vermehrte Süchte getreten sind.

Die unvermeidlichen Verletzungen und Krankheiten, die das Kriegswesen mit sich bringt, das in Rom ja eifrigst betrieben wurde, und die immer gleich bleibenden Alltags- und Kinderkrankheiten wie Grippe, Röteln, Masern, Pocken, Wassersucht, Fallsucht, Gelbsucht, Schwindsucht, Asthma, Rippenfellentzündungen, Hühneraugen, Zahnschmerzen und ähnlichen, noch bis vor gar nicht all zu langer Zeit gefährliche Krankheiten, waren in Rom wie zu jeder anderen Zeit auch (bis auf die Gegenwart) jene Hauptprobleme, mit denen sich Roms Ärzte immer wieder auseinandersetzen mussten.

---

[8] s. Das Leben im alten Rom. S. 237.
[9] s. a. a. O. S. 238.

Jedoch gab es schon bald – wie immer, wenn die Facetten-Vielfalt eines Berufes dem Einzelnen zuviel werden – eine Spezialisierung der Ärzteschaft, die jedoch häufig „weit über die Grenzen des Notwendigen und Vernünftigen"[10] hinausgingen, sodass es spezielle Ärzte für Ohren-, Augen-, Zahn-, Hals- und Frauenkrankheiten und auch verschiedene Abteilungen innerhalb der Chirurgie gab, für Amputationen, Verwundungen, Brüche und Massagen.

Jedoch gab es neben diesen herkömmlichen Ärzten auch solche, die ganz andere Aufgaben hatten. Denn „die hohe Wissenschaft der Medizin ist stets gezwungen gewesen, ihr Licht auch für die Eitelkeit der Menschen leuchten zu lassen, und so war es auch bei den Römern."[11] Das umschloss auf der einen Seite gewöhnliche Wünsche der allgemeinen Verbesserung der äußeren Erscheinung, auf der anderen Seite aber gab es auch Ärzte, die für heute auf den ersten Blick nicht mehr ganz nachvollziehbare Anliegen zuständig waren. So gab es zum Beispiel einen Chirurgen, der „außerordentliche geschickt in der Entfernung von Brandmalen war, die diebischen, flüchtigen und verleumderischen Sklave auf die Stirn gebrannt waren.[12]" Freigelassene konnten zu diesem Mann gehen und für ausreichendes Entgelt die Zeichen der alten Schmach wieder verschwinden lassen. Auch ein großes Problem für die Römer – insbesondere den männlichen Teil, stellte in dieser Hinsicht die unaufhaltsame Lichtung des Haupthaares mit dem Fortschreiten der Jahre dar, da die Römer sich davor wohl mehr grauten als wir, die wir uns in einem gewissen Alter damit abfinden. Selbst Cäsar störte seine Kahlköpfigkeit so stark, dass er sie beständig unter seinem Kranze zu verbergen suchte. [13]

Auf diese Weise zeichnet sich ein recht klares Bild der gesundheitlichen Lage in Rom ab, welche, das muss festgehalten werden, durch die klaren Reformen unter Augustus und den nachfolgenden Kaisern vieles auffüllte, was sie durch die jahrhundertelange „Eigenbrötelei" der römischen Familien an Lücken besaß:

---

[10] s. a. a. O. S. 246.

[11] s. a. a. O. S. 242.

[12] s. a. a. O. S. 249.

[13] Vgl. s. a. a. O. S. 242.

6

3.2 Behandlungsmöglichkeiten, Diagnosen und Vorgehensweisen

Wie bereits erwähnt, behalfen sich die Römer die längste Zeit bei ihren Krankheiten damit, Kräuter und Säfte zu mischen und damit die meisten ihrer Gebrechen zu kurieren. Neben zahlreichen Rezepturen, die noch nicht einmal den gesicherten Vorzug?? besaßen, in irgendeiner Weise vernünftig zu sein (wie zum Beispiel die Annahme, mit Melonensaft aufgegossenes Senfkraut helfe gegen Anfälle von Epilepsie), wurde in der römischen Welt am höchsten das *laserpicium* gehalten, das als ein Allheilmittel gegen alle möglichen Arten von Leiden gebraucht wurde und auch ansonsten gar wunderliche Kräfte hatte: „es schläferte die Schafe ein, brachte die Ziegen zum Niesen und die Schlangen zum Platzen."[14]. Auch Cäsar kaufte von dieser Wunderpflanze noch eintausendfünfhundert Pfund ein, weshalb es hier nicht unerwähnt bleiben darf.

Diese empirischen Heilmittel waren für lange Zeit die einzige Medizin, mit denen die römische Welt alle Gebrechen heilte. Doch mit der Wende im dritten Jahrhundert v. Chr., die durch die Flut an griechischen und orientalischen Ärzten bedingt war, hielt ja, wie bereits gesagt, auch die wissenschaftliche Medizin Einzug in Rom. Diese tat erstmals nicht nur genauere (und auch wirkungsvollere) Behandlungsmöglichkeiten auf, sondern schuf eine ganz neue Struktur in der Welthauptstadt. Nicht mehr der *pater familias*, sondern oftmals Sklaven oder Freigelassene übernahmen die Aufgaben der privaten medizinischen Versorgung. Für die ganz Armen, die sich einen privaten Arzt nicht leisten konnten, wurden später (im vierten Jahrhundert n. Chr.) auch öffentliche Bezirksärzte eingesetzt, die diese unentgeltlich behandeln mussten. Selbst der Kaiser hatte schon bald seinen eigenen Hofarzt, der seit Alexander Severus den Titel *Medicus Palatinus* führte[15].

Hauptaufgabe des Arztes war es, neben der Behandlung, die nötigen Heilmittel herzustellen, die er für seine Tätigkeit brauchte. Denn im alten Rom gab es so etwas wie eine Apotheke nicht, wie ja anfangs die gesamte Medizin in keiner Weise vom Staat beaufsichtigt wurde. Die Ärzte für innere Krankheiten, die sich clinici nannten, besuchten die Patienten privat, wobei sie häufig eine ganze Schar junger Nacheiferer bei sich hatten, die das Geschehen mit einer für den Patienten meist unangenehmen Aufmerksamkeit mitverfolgten. War der Arzt jedoch ein Chirurg, so behandelte er seine Patienten meist in extra dafür eingerichteten Räumen, den *medicinae*. Hier ist es durchaus interessant,

[14] s. a. a. O. S. 240.
[15] s. a. a. O. S. 246.

eine kurze Liste wiederzugeben, zu welchen chirurgischen Eingriffen die römischen Ärzte (nicht zu vergessen durch die griechische Medizin belehrt) in der Antike bereits fähig waren. Während Brüche und sonstige Frakturen problemlos behandelt und kuriert werden konnten, waren auch die erfolgreiche Behandlungen von Knochenerkrankungen und Schnittwunden möglich, vom Patienten überlebte Trepanationen sind archäologisch nachgewiesen. Dass diese Behandlungen zwar möglich waren, bedeutet jedoch nicht, dass die Patienten auch immer mit dem Leben davongekommen sind. Da es ja bis zum Jahre 1846 so etwas wie eine Narkose noch nicht gab, waren gerade chirurgische Eingriffe für den Patienten mit größten Schmerzen verbunden. Starb er nicht am Schock (was nicht selten geschah), so waren durch das mangelnde Wissen um Hygiene und Keimübertragung nach den Operationen häufig Wundinfektionen, darauf folgende Blutvergiftung und Tod das Ergebnis. Gerade beim Militär war dies aufgrund der gebotenen Eile beim Operieren mehr die Regel als die Ausnahme. Dennoch waren die allgemeinen Chancen, bei einer Krankheit wieder zu gesunden, nicht so schlecht, wie sie es in der dunklen Zeit des Mittelalters wurden und auch lange blieben. Dies ist vor allem im Feld einer durchaus erwähnenswerten Erfindung der Römer zuzuschreiben, dem Lazarett. Sie trat erstmals während der Zeit des Augustus in Erscheinung. Das Älteste ist das bei Halftern in Westfalen gefundene Militärlazarett aus der Varusschlacht 9 n. Chr. Diese Gebäude waren einstöckige, um einen zentral gelegenen Innenhof gebaute Konstruktionen, die jedoch im Gegensatz zu hellenistischen und römischen Palästen nicht von diesem aus funktionierten, sondern die Korridore mit den Krankenzimmern zu beiden Seiten als Knotenpunkte hatten, so wie auch moderne Bürokomplexe von einem Hauptkorridor durchzogen sind. Dort bewegte sich das Personal, dort liefen die Informationen durch, dort hatten die Kranken die Möglichkeit, schnell Hilfe herbeizurufen.[16] „Die Römer haben damit in den Jahren nach 31. v. Chr. das korridororientierte Zweckgebäude und damit auch eine Grundform des Bürogebäudes erfunden, welches unsere Architekturvorstellungen noch heute prägt."[17]

---

[16] s. Medizin in der Antike. S. 29.
[17] ibid.

4. Kurzzusammenfassung von Martials Leben und Werk

Um nun in die Analyse von Martials Epigrammen einsteigen zu können, ist es zuvor wohl hilfreich, mögliche offene Fragen über den Dichter und sein Werk – die Epigramme – zu beantworten.

Elf Kaiser überlebte der in Bilbilis in Spanien geborene Dichter M. Valerius Martial, neun davon sieht er in Rom sich abwechseln, in das er 64 n. Chr. reist. Zu diesem Zeitpunkt ist er circa 24 Jahre alt. Er wird bis zu seinem Tod im Jahre 104 etwa 1500 Epigramme schreiben, ansonsten nichts – er rühmte sich, ausschließlich als Dichter von Epigrammen bekannt zu sein. Da er zwar berühmt, aber wie die meisten anderen freien Dichter mittellos ist, wird er erst von seinen Landsleuten Seneca und Lucan, nach deren Tod sogar von den Kaisern Titus und Domitian unterstützt. Da Martials Dichtung stets um Akzeptanz beim Kaiserhof bemüht ist und er dieses politische Kalkül bei Letztgenanntem wohl besonders stark einsetzen muss, ist nach dessen Ermordung 96 und mit Beginn der Regierung Nervas und Trajans sein Ruf so unwiederbringlich zerstört, dass er im Jahr 98, von Plinius finanziert, in seine Heimatstadt zurückkehrt, wo er sechs Jahre später stirbt.

Der Inhalt von Martials Epigrammen generiert sich aus dem Umfeld, in dem der Dichter fast vierzig Jahre lang lebte – das Rom der Kaiserzeit. Besonders deutlich sichtbar wird dies in seinem zwölften und letzten in Spanien geschriebenen Buch, in dem Martial selbst beklagt, ihm würden die geeigneten Vorbilder für seine Gedichte fehlen.[18] Diese stehen ihm in Rom reichlich zur Verfügung, und da er selbst zwar dort durch die Gunst seiner Gönner ein durchaus angenehmes Leben führen kann, war ihm doch „die Trostlosigkeit eines Daseins in Armut und Abhängigkeit nicht erspart geblieben"[19]. Folglich ergießt sich sein Spott hauptsächlich über die „Lasterhöhle Rom" [20], er vermeidet es jedoch, zu moralisieren, lässt den Spott Selbstzweck bleiben[21]. Insofern sind seine Gedichte immer darum bemüht, den Leser zu schockieren oder zu empören, ohne aber eine auf den ersten Blick nachhaltige Reflektion des Lesers hervorzurufen.

---

[18] s. Die römische Literatur in Text und Darstellung; Kaiserzeit I. Hrsg. v. von Albrecht M. u. Kißel W. Stuttgart[2]. S. 432.

[19] ibid.

[20] ibid.

[21] ibid.

Nach Lessing, der sich Zeit seines Lebens intensiv mit der Epigrammatik auseinander-gesetzt hat, ist das Besondere an Martial, dass „(…) er der erste ist, welcher das Epi-gramm als eine eigene Gattung bearbeitet, und dieser eigenen Gattung sich ganz ge-widmet hat."[22] Lessing ist der Meinung, ihn allein als echten „Epigrammatiker" zu be-zeichnen. Gewiss liegt er mit dieser Behauptung auch nicht falsch, war es doch Martial, der einerseits die Epigrammatik sowohl sprachlich als auch inhaltlich zur Vollendung gebracht und andererseits den Grundstein jeglicher postantiker Beschäftigung mit dieser kleinen, doch nicht unbeachtlichen literarischen Gattung gelegt hat.

5. Der kaiserzeitliche Arzt im Spiegel der Epigramme Martials

Da Martial ja, wie bereits erwähnt, bis auf die teilweise in Prosa abgefassten Einleitun-gen seiner Bücher ausschließlich Epigramme verfasst hat, muss kurz darauf eingegan-gen werden, was die Eigenart und der Sinn dieser Kurzgedichte ist, bzw. was diese zu Martials Lebzeiten waren. Erst in diesem Kontext können dann die einzelnen Aussagen, die in Martials Epigrammen über Ärzte getroffen werden, im rechten Licht betrachtet werden.

5.1 Über Wesen und Herkunft des Epigramms

Das Epigramm ist als eigene literarische Gattung bereits in der späten griechischen Dichtung zu finden. Es hat sich im Laufe der Zeit einerseits „zum Träger ganz persönli-cher Empfindungen", andererseits „zum Medium des pointierten Sinnspruchs", also dem Spottgedicht, gewandelt, was ihm eine außerordentliche Vielseitigkeit verleiht. Beides vereint Martial in seinem Werk. Die meisten seiner Gedichte gehören zwar der Gattung der Spottepigramme an, doch finden sich insbesondere unter denjenigen, die er seinen Freunden oder Verstorbenen widmet, auch sehr lyrische Epigramme, die sich stark an der Gattung der Elegie orientiert[23]. Da sich von diesen jedoch keines unter den im Folgenden Betrachteten befindet, werden sie außen vor gelassen.

---

[22] M. Valerius Martialis: Epigramme. Hrsg. v. Barié P. u. Schindler W. Düsseldorf/ Zürich 1999. S. 1103.

[23] s. röm. Lit. S. 429.

Verfasst in elegischen Distichen (79 Prozent aller Epigramme Martials sind in diesem klassischen Versmaß geschrieben[24]), sind die entscheidenden Merkmale des Epigramms seine Kürze und Dichte, sowohl gedanklich als auch sprachlich. Martial perfektioniert dies in jenen Epigrammen, in denen er die Pointe in nur zwei Zeilen aufbaut, wie auch im Folgenden zu sehen sein wird.

5.2 Martials Aussagen über Ärzte

Wie bereits gesagt, waren die Ziele von Martials Spott eher die Laster als die Schwächen seiner Zeitgenossen. Wenn er in seinen Epigrammen bestimmte Berufsgruppen karikierte, war es nicht zu dem Zweck, einzelne Personen (die ja meist ebenso fiktiv waren wie das lyrische Ich der Epigramme) zu diffamieren, sondern die Lächerlichkeit bestimmter Vorkommnisse oder die Dekadenz des Menschen allgemein und des in Rom Lebenden im Besonderen hervorzuheben. Folglich kann aus den Epigrammen über die Ärzte kaum Rückschlüsse über geschichtliche Tatsachen und Personen gezogen werden, vielmehr sind sie Spiegel einer zu dieser Zeit verbreiteten Meinung, die sich pointiert und verdichtet in Martials Epigrammen niederschlägt. Schließlich war er ja auch auf die Resonanz seiner Zuhörer erpicht, ja gar auf das „mitschaffende Ohr"[25] seines Auditoriums angewiesen. Was also in sich häufig wiederholender Form in Martials Epigrammen auftaucht, wird mit Sicherheit den Wiedererkennungsmoment beim Leser nicht verfehlen, das Übereinstimmen der Menge mit dem überspitzt deutlich Gemachten sicherstellen und kann ergo als relative „Wahrheit" akzeptiert werden.

Die Grundhaltung gegenüber Ärzten, die uns aus Martials Epigrammen entgegenschlägt, ist eine sehr negative. Die ersten Zeilen, die wir in Buch Eins über einen Arzt namens Diaulus lesen, lauten folgendermaßen:

[24] s. Martial: Epigramme. S. 1085.
[25] s. a. a. O. S. 1090.

Chirurgus fuerat, nunc est vispillo Diaulus.
Coepit qou poterat clinicus esse modo[26]

Arzt war Diaulus, jetzt ist er Leichenträger.
Auf die Art, auf die er es konnte,
hat er schon zu Beginn die Leute auf die Bahre gelegt.[27]

Die Parallele, die Martial hier zwischen dem Beruf des Arztes und Mord bzw. Totschlag zieht, schafft er besonders durch das Wortspiel mit *chirurgus*, *vispillo* und *clinicus*, da letzteres sowohl „Arzt" als auch „Versorger von Leichen" heißen kann, somit mit beiden antithetischen Begriffen der ersten Zeile gleichgesetzt werden kann. Für Martial ist der Arztberuf ein eher zwielichtiger, der mehr als gesetzlich erlaubte Lizenz zum Töten anzusehen ist. Diese Grundhaltung findet sich auch im zweiten zweizeiligen Epigramm über jenen Diaulus:

Nuper erat medicus, nunc est vispillo Diaulus:
Quod vispillo facit, fecerat et medicus[28]

Martial präzisiert hier die Andeutung aus I/30 und setzt die beiden Begriffe in einem Chiasmus gleich. *Medici* tun letztendlich nichts anderes als *vispillones*: Er bringt Menschen ins Grab, einmal im übertragenen Sinn, einmal im wörtlichen.

Dass ärztliche Therapien im Altertum häufig den Tod zur Folge hatten, ist nichts Neues, und auch Martial war sich dessen bewusst, doch zeigen Geschichten wie die des Arztes Archagathos aus Griechenland, der den Beinamen *carnifex* erhielt, dass selbst die bestimmt nicht wehleidigen Römer durchaus mit der Brutalität mancher Ärzte zu kämpfen hatten[29]. Auf Erfahrungen wie diese, die auch zur Kaiserzeit in ähnlicher Form gemacht wurden, stützt sich Martial wohl in diesen Aussagen. Ein Beispiel ist der Arzt Hermocrates, über den Martial folgende Zeilen schrieb, die wohl für sich sprechen:

[26] Martial. I/ 30.

[27] s. Martial: Epigramme. S. 55.

[28] Martial. I/47.

[29] s. Medizin in der Antike. S. 25.

Lotus nobiscum est, hilaris cenavit, et idem

inventus mane est mortuus Andragoras.

tam subitae mortis causam, Faustine, requiris?

in somnis medicum iderat Hermocratem.[30]

Gebadet hat Andragoras mit uns und heiter gespeist, und dann

fand man ihn am nächsten Morgen tot.

Du fragst nach dem Grund eines so plötzlichen Todes, Faustinus?

Im Traum hat er den Arzt Hermocrates gesehen.[31]

Wohl hat Martial, zumal er nicht jener Bevölkerungsschicht angehörte, die sich einen Privatarzt leisten konnte, selbst auch unter manchem Besuch öffentlicher Ärzte gelitten, besonders aufgrund der im Rom gebräuchlichen Sitte, als Arzt die eigenen Schüler mitzubringen, damit diese am lebenden Objekt erste eigene Fähigkeiten erlernen und dann Erlerntes anwenden können. Satirisch schlägt sich das im Epigramm neun des fünften Buches wieder.

Languebam, sed tu comitatis protinus ad me

venistri centum, Symmache, discipulis.

centum me tetigere manus aquilone gelatae:

non habui febrem, Symmache, nunc habeo.[32]

Kraftlos lag ich da, doch du kamst sofort zu mir;

begleitet von hundert Schülern, Symmachus.

Hundert Hände, eiskalt vom Nordwind, betasteten mich:

Fieber hatte ich keins, Symmachus, jetzt habe ich es.[33]

---

[30] Martial. VI/53.

[31] s. Martial: Epigramme. S. 420.

[32] Martial. V/9.

[33] s. Martial: Epigramme. S. 327.

Derselbe Symmachus, von dem in diesem Epigramm die Rede ist, wird auch in VI/70 noch einmal erwähnt, in einem Tricolon von Ärzten, denen ein gewisser Marcianus „digitum inpinicum", den unzüchtigen Finger[34] zeigt, nachdem er ohne sie wesentlich besser zu leben meint.

Martial scheint dem Begriff *chirurgus* gegenüber, der ja aus dem Griechischen kommt und eigentlich „Handwerker" bedeutet, eine ebensolche Achtung gegenüber zu haben. Doch obwohl die meisten Handwerke durchaus ehrbare Berufe waren (sein eigenes Schaffen kann ja gewissermaßen als solches bezeichnet werden), spricht er ein solches Urteil dem Arztberuf in keiner Zeile zu. Er bezeichnet sie als *stulti*, als Dummköpfe, die Krankheit nicht von Dekadenz unterscheiden können.

> (...) *novi hominis fraudes: esurit atque sitit*
> (...) *o stulti, febrem creditis esse? gula est.*[35]

> (...) Ich kenne die Schliche des Mannes: Hunger hat er und Durst.
> (...) Oh ihr Dummköpfe, das sei Fieber, meint ihr? Es ist sein gefräßiges Maul.[36]

Natürlich kann man nicht ernsthaft behaupten, dass die Ärzte der Kaiserzeit tatsächlich so unkundig waren, wie Martial hier behauptet. Ein Großteil der Ärzte wird auch im eigenen Interesse darauf geachtet haben, ihrer Arbeit durch entsprechende Kenntnisse und zuverlässige Verfahren möglichst Achtung und Anerkennung zu verschaffen, doch gab es, bedingt durch fehlende Ausbildungspflicht und staatliche Zulassung, eben auch genügend Scharlatane, die nur auf schnelles Geld aus waren[37].

Eventuell denkt Martial an gerade an einen solchen, wenn er folgende Zeilen schreibt:

> *Oplomachus nunc es, fueras opthalmicus ante.*
> *fecisti medicus qoud facis oplomachus.*[38]

---

[34] s. Martial. VI/70. u. s. Martial: Epigramme. S. 433.

[35] Martial. II/40.

[36] s. Martial: Epigramme. S. 147.

[37] s. Alltag im alten Rom (ein Lexikon von Karl-Wilhelm Weeber). Hrsg. v. Weeber K. W. Düsseldorf/Zürich 2000⁵. S.84.

[38] Martial. VIII/74.

Gladiator bist du jetzt und warst vorher Augenarzt:
Du hast als Arzt das gemacht, was du als Gladiator machst.[39]

Die einzige Tätigkeit eines Gladiatoren, die hier gemeint sein kann, ist das Ausstechen der Augen; der unschmeichelhafte Vergleich setzt die unmenschlich grausamen Geschehnisse im Kolosseum, die Martial in vielen anderen Epigrammen noch deutlicher zeichnet, an dieser Stelle mit den Behandlung durch einen Augenarzt gleich, auch sprachlich: Wie auch ähnlich bei I/30 spielt er hier mit den beiden aus dem Griechischen stammenden Titulierungen *oplomachus* und *opthalmicus*, die sich auch phonetisch stark ähneln. Indem Martial den Arzt hier anonym macht, lässt er es dem Leser offen, die Aussage auf die gesamte Ärzteschaft zu beziehen.

Ein weiteres interessantes Beispiel, das nicht in das übliche Schema der berufsbezogenen Spottgedichte passt, ist ein Zweizeiler aus dem neunten Buch:

Clinicus Herodes trullam subduxerat aegro:
deprensus dixit "stulte, quid ergo bibis?"[40]

Der Arzt Herodes hatte einem Kranken heimlich einen Schöpflöffel entwendet:
Als man ihn erwischte, sprach er: „Du Tor, was willst du auch trinken?"[41]

Martial ist hier in keinem Fall gezwungen, als Täter in diesem Epigramm einen Arzt heranzuziehen, da auch nicht gewährleistet ist, ob Martial einen solchen tatsächlichen Vorfall nur nachzeichnet oder komplett selbst entwirft. Dem Gegenstand und der Aussage, die ja die Unverfrorenheit des Diebes herausheben will, hätte jede beliebige Bevölkerungs- und Berufsgruppe zur Erlangung der Pointe gereicht, doch hier besteht Martial darauf, den Makel einem Arzt zuzuschieben. Was hier nur als Pointe scheint, ist wohl tatsächlich einer persönlichen Aversion Martials gegenüber Ärzten zuzuschreiben.

---

[39] s. Martial: Epigramme. S. 585.

[40] Martial. IX/96.

[41] s. Martial: Epigramme. S. 671.
Zur Erläuterung s. Martial: Epigramme. S.1351: „*Du Tor, wieso willst du denn trinken:* Der Arzt tut so, als habe er den Schöpflöffel nur zum Wohle des Kranken entwendet. Die Pointe wird schärfer, wenn *trulla* den Arzneilöffel meint, womit der habgierige Arzt auch noch seine Heilkunst in Frage stellt: ‚Wieso schluckst du auch (die von mir verordnete Medizin)?'".

Auch andere Berufsgruppen traf zwar sein Spott, doch selten so regelmäßig grausam und unbarmherzig wie die Ärzte.

5.3 Bilanzierung der Ergebnisse

Martials Aussagen über Ärzte sind erstaunlich klar und despektierlich. Woran das liegen mag, erschließt sich wohl am Besten durch die Betrachtung des Arztberufes im Vergleich mit anderen Gewerben. Wie bereits gesagt, musste die Medizin damals ohne Betäubungsmittel arbeiten, und so fortgeschritten die Behandlungen auch teilweise waren, kamen sie doch selten ohne große Schmerzen aus. Zudem konnten sich nur reiche Bürger einen zuverlässigen, bezahlten oder als Sklave tätigen Arzt leisten. Für minder Bemittelte war meist nur eine Behandlung durch öffentliche Ärzte möglich, und die häufigen Fälle von Scharlatanerie gaben genug Anlässe einerseits für Martial, seinen Spott über diese Menschen auszugießen, andererseits für die Bevölkerung, einer gewissen Verunsicherung nicht entgehen zu können. Dass zudem selbst der Besuch eines fachkundigen Mediziners euphemistisch gesagt unangenehm war, machte es zumindest den öffentlichen Ärzten recht schwer, eine angemessene Reputation ihrer Tätigkeit erwarten zu können.

Als Ergebnis festzuhalten ist ein zweigeteiltes Bild in der Gesellschaft des kaiserzeitlichen Arztes: Die wenigen, am kaiserlichen Hof oder bei reichen Patriziern angestellten Privatärzte konnten sich nicht nur über eine oftmals überreiche Bezahlung, sondern auch über einen relativ respektablen Ruf freuen, wenn er auch aufgrund seines Wesens nie den anderer Erwerbstätigkeiten erreichte. Der Teil der Ärzte jedoch, die täglich als öffentliche oder auch private Mediziner um Kunden und Gunst buhlen mussten, waren im Zwiespalt zwischen der Möglichkeit, sich durch Fachkenntnis und Erfolg einen Ruf zu erarbeiten, und dem Trachten nach möglichst großem Gewinn, sollte dies auch zu Lasten der Patienten gehen. Martial hat diese Gruppe von Ärzten mit scharfem Spott gestraft, wenn er auch nicht klar zwischen ehrenhafter und unlauterer Ausübung des Gewerbes unterschieden hat.

6. Schlusswort

Was würde sich für den Abschluss einer Facharbeit, die die Epigramme Martials zum Inhalt hat, besser eignen, als, den Dichter noch ein letztes Mal zu Wort kommen zu lassen und die Schlussworte selbst zu sprechen?
Auch wenn die Kunstfertigkeit dieses Werkes nicht an das seine heranreicht, sollen doch die Worte, mit denen Martial selbst sein viertes Buch schließt, als Schlussworte ihren Weg auch in dieses Werk finden:

Ohe, iam satis est, ohe, libelle,
iam pervenimus usque ad umbilicos.
tu procedere adhuc et ire quaeris,
nec summa potes in schida teneri,
sic tamquam tibi res peracta non sit,
quae prima qouque pagina peracta est.
iam lector queriturque deficitque,
iam librarius hoc et ipse dicit
'ohe, iam satis est, ohe, libelle.[42]

Nun aber reicht's, es reicht, mein Büchlein,
jetzt sind wir schon bis zum Buchrollenknauf gelangt,
und du willst immer noch weitergehen
und kannst nicht mal bei der letzten Kolumne gestoppt werden,
so als wär' dein Geschäft noch nicht erledigt,
das indes auf der ersten Seite bereits erledigt war.
Schon klagt der Leser und gibt auf,
schon sagt selbst der Kopist:
„Nun aber reicht's, es reicht, mein Büchlein!"[43]

---

[42] Martial. IV/89.

[43] s. Martial: Epigramme. S. 671.

7. Bibliographie

7.1 Primärliteratur

- M. Valerii Martialis epigrammaton libri.

7.2 Sekundärliteratur

7.2.1 Buchquellen

- GEO (10). Oktober 2006. S. 125 ff.
- Res Romanae (Begleitbuch für die lateinische Lektüre). Herausgegeben von Heinrich Krefeld u.a. Berlin 1997.
- Medizin in der Antike (Aus einer Welt ohne Narkose und Aspirin). Herausgegeben von Ernst Künzl. Stuttgart 2002.
- Das Leben im alten Rom. Herausgegeben von Ugo Enrico Paoli. Bern 1961. Zweite Auflage.
- M. Valerius Martialis. Herausgegeben und übersetzt von Paul Barié und Winfried Schindler. Düsseldorf/Zürich 1999.
- Alltag im alten Rom (ein Lexikon von Karl-Wilhelm Weeber). Herausgegeben von Karl Wilhelm Weeber. Düsseldorf/Zürich 2000. Fünfte Auflage.
- Die römische Literatur in Text und Darstellung. Herausgegeben von Michael von Albrecht. Band 4: Kaiserzeit I. Herausgegeben von Walter Kißel. Stuttgart 1998. Zweite Auflage.

7.2.2 Internetquellen

- Sven Bockisch: Das römische Imperium. Internetseite
  http://www.roemische-imperium.de/page/html_alltag_13.html
  vom 19. 08. 2006, aufgerufen am 16. 11. 2007.